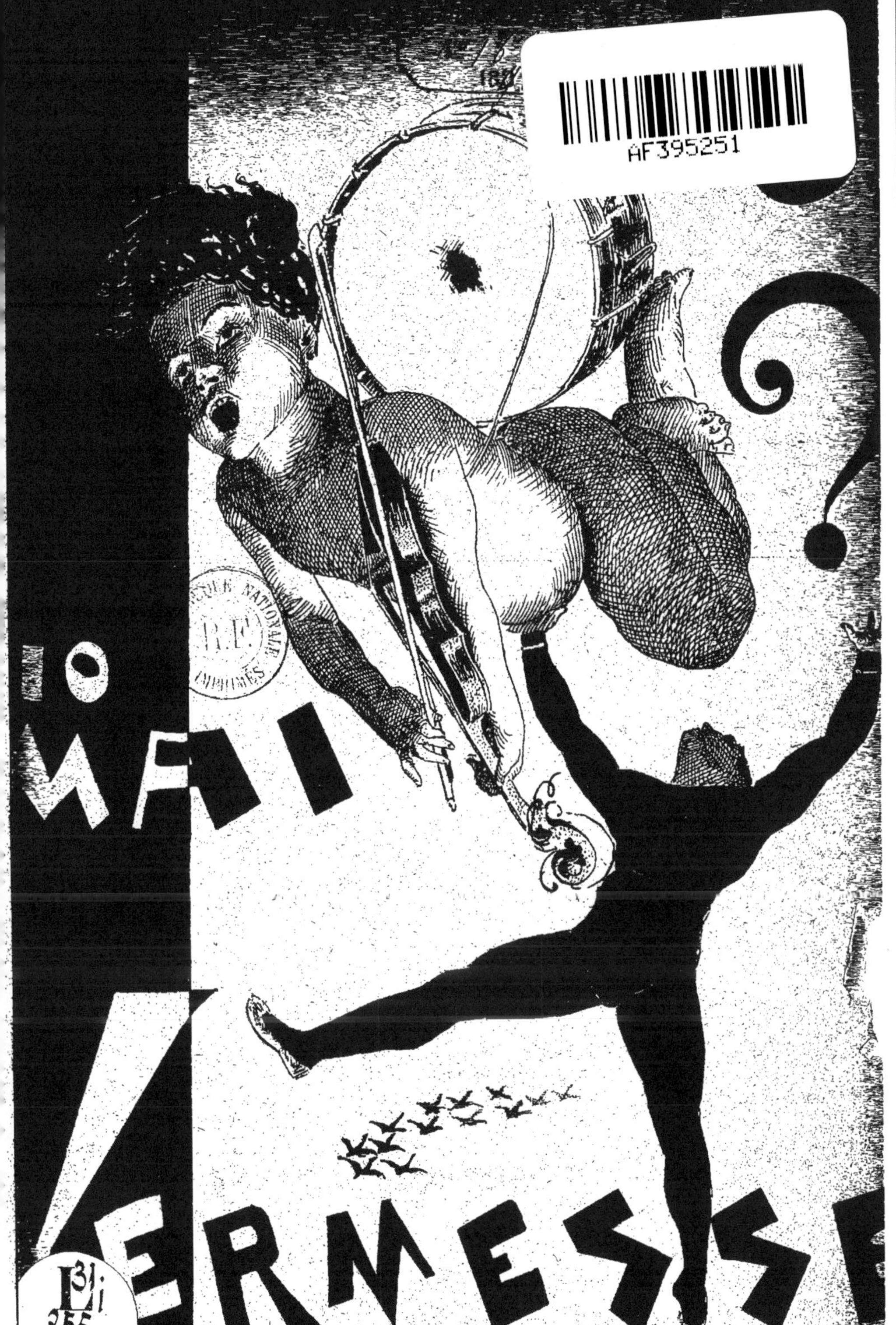

10 MAI
?
KERMESSE
René W...

FÊTE DES ÉCOLES

du 10 et 11 Mai 1890

SALLE Victor POIREL

CATALOGUE DESCRIPTIF

DE

L'EXPOSITION DES ARTS INCOHÉRENTS

1890

KERMESSE

DE

L'UNION DE LA JEUNESSE LORRAINE

NANCY

RENÉ WIENER ÉDITEUR

1890

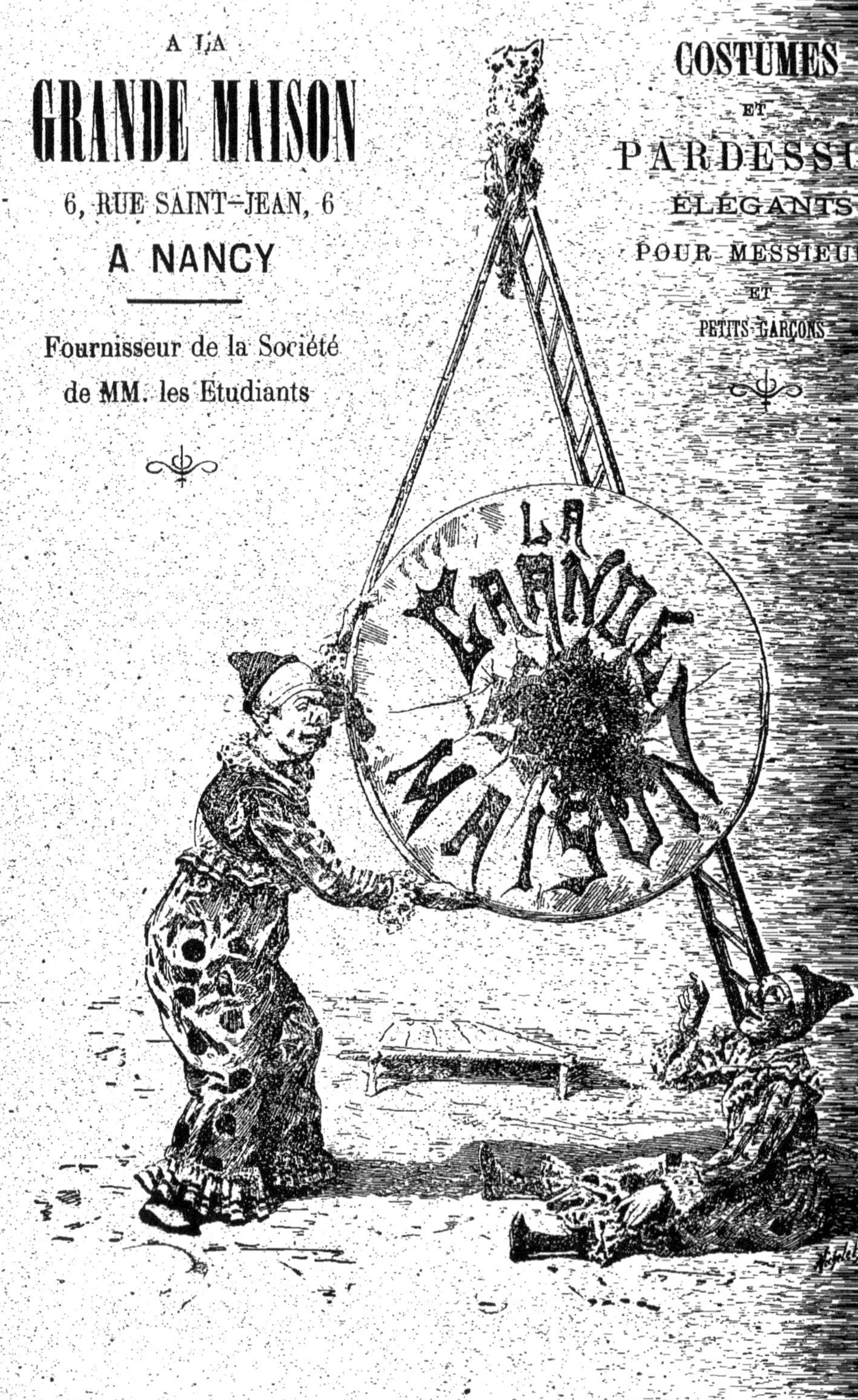

A LA
GRANDE MAISON
6, RUE SAINT-JEAN, 6
A NANCY
Fournisseur de la Société
de MM. les Etudiants
COSTUMES
ET
PARDESSU
ELÉGANTS
POUR MESSIEU
ET
PETITS GARÇONS
LA GRANDE MAISON

E. ABBÉ — de nom mais pas de fait, né vrosé et cela se
voit, fait de la peinture décadente ce qui est grave,
très grave, bur grave ! ! est fabricant d'encre pour
tachès de son état, demeure à Paris ou il doit 2 sous
à une commerçante qui cependant ne fait pas l'œil
aux barbares.

1. Le coche et la mouche.
2. Double vue.

AMANDA-G. née ailleurs — cache son vrai nom à cause
d'un facteur rural qui l'a démandée en mariage ce qui
l'a fait fuir. — élève d'un incohérent — demeure et
ne se rend pas.

3. Souvenir de mes prochains débuts.

N. B. — Ce tableau est entièrement fait à l'huile de pied
de nez.

AU CLER de la lune, caricaturiste français — né à
Vienne (Autriche) d'un père Bulgare et d'une mère
Hottentote, élève du même.

4. La Rue des Dom en 1902.
5. Gagaphonie.

BARRAL — de Liverdun, habite sous la deuxième arche
du Pont de Malzéville. Inventeur d'une mitrailleuse à
blé de Rome pour amorcer le poisson.

6. Le Retour des Pêcheuses.
7. Le Départ des Pêcheurs.

BEAUDOIN H. — tez ses tableaux (entre nous il n'en
vend pas, car ce sont des croûtes) ne marge pas au
budget — demeure chaste et pur.

8. Portrait de M. C. Ray.

BENI-SOUAH, — le ciel qui te rend à mes vœux. Élève
de Fils de mes œuvres.

9. Projet de Pont sur la Manche (marine).
10. Oh ! Eh ! Durandar.
11. Mouvement perpétuel.

BOMBYX-A. — Inventeur du Col Éoptère — Élève des
poules qu'il vend en gros — Comnission — Expor-
-tation.

12. Le Ramasseur de crotins de chevaux de bois.
13. Coucher de Soleil.

BOUCHÉ-A. — né à Frouard (Meurthe), élève de
M. J. Casse et de grand avenir, mange beaucoup, boit
idem, digère bien. Fait le portrait d'après nature,
c'est pourquoi il expose.

14. Façade définitive du Palais de Justice de
Nancy.
15. La lutte pour la vie.

N.-B. — *Remarquer que ce tableau intentionniste est très
truc pour licher*, comme on dit en Anglais.

BOUGRO — né à Vandœuvre ne pas confondre avec son
homonyme de Paris qui voudrait bien qu'il y eût con-
fusion.

16. Tentation de Saint-Antoine sur la butte Montmartre (toile Réaliste et Humanitaire).

N.-B. — Saint Antoine s'embêtant dans sa grotte partit pour son malheur à l'exposition universelle de Paris. En visitant les constructions de la butte Montmartre il tomba devant le moulin de la Galette où le Prévot de Paris avait accroché la belle Fatma pour la punir d'avoir dansé la Gavotte à la Fête des Fleurs des Tuileries !!!.. Pauvre Humanité ! pauvre Saint !!

BOULAY-GEORGES — bon zigue de naissance, acteur d'instinct, Étudiant par profession, né ophyte en peinture — promet une splendide carrière artistique dans la peinture réaliste, auteur d'un traité sur la muselière en peau de baudruche pour empêcher les escargots de baver sur la salade. — Signe particulier ne ressemble pas à..... vous savez bien.

17. Le départ de la Grande Armée.

N.-B. — Six heures du matin... L'astre du jour se lève plus brillant que jamais.

Napoléon à pied cache l'ambition qui le dévore sous l'uniforme d'un capitaine de sapeurs-pompiers.

Mais c'est en vain qu'il se cache on le reconnait facilement.

50,000 grenadiers et la superbe cavalerie, de l'Empereur massé dans un vallon sont prêts à partir.

Napoléon se tourne alors vers le soleil et s'écrie : « Toi aussi je te vaincrai. »

Mais le maréchal Ney se penche à son oreille et lui dit : « Prenez garde, Sire ? » et songez à ce vers de Victor Hugo :

> *Non, l'avenir n'est à personne,*
> *Sire ! l'avenir est à Dieu.*

BOUR-geois de mœurs, élève détestable — Spécialité de gilets de soie noire à fleurs de couleurs. Signe parti

culier : a mis un cache-poussière pour faire la tra-
versée de Marseille à Tunis.

18. Scène de famille.

N.-B. — Prière aux personnes sensibles de ne pas regarder ce
tableau d'une trop touchante moralité

19. La Bénédiction.

BRAC. (Arthur pour les dames) signe particulier n'est pas
décoré, élève docile et doué.

20. Idées noires.

N.-B. — C'était pendant l'horreur d'une profonde nuit, l'ami
Brac seul, soit qu'il eût brisé son pot à eau, en procédant aux
ablutions dernières ou qu'il eut quitté sa petite amie, songeait,....
C'est alors qu'en proie aux idées décevantes, il saisit le pinceau et
dans le feu de son imagination traça avec une incomparable maî-
trise ce pastel allusionniste et Edgar poëtiste où un de nos amis a
même cru pouvoir reconnaître l'influence de Baudelaire.

BRAISON — peintre de talent, ça se voit, né pas fier de sa
nature, fume la pipe et en a toujours une pour les
amis, membre du jury d'ailleurs.

21. Rencontre par un Effet de Brouillard.

CALICOT — né à Quille (Ain) travaille depuis sa plus
tendre enfance, a un faible marqué pour le Blanc, a
failli avoir les palmes académiques mais les a refusées
rapport à ce que le violet ne va pas à son teint,
élève d'un membre du jury.

22. Un effet de neige.

CERF-J. — quel cerf-est-ce ? Lui, le seul — né petit,
mange beaucoup ce qui lui permet de suivre le fil...

de ses idées ; n'est pas marié ce qui est heureux avec
un nom aussi dangereux.

23. La chaîne des Alpes (tableau mélancolique car où
il y a de la chaîne il n'y a pas de plaisir).

24. Le jugement dernier (d'après Flory-Famechon).

CHOSE — peintre aussi judicieux que judiciaire, élève
d'un poète romantique, fait de la peinture naturaliste,
tourne, pour son agrément, des mâts de cocagne en
chambre.

25. L'affaire de la Rue Tronson-Ducoudray.

N.-B. — Gabrielle Bompar voit sous ses yeux Gouffé coupé par
Eyraud.

COLLARD-J.-P. — né à Regrets et à la Bouzule (Meurthe) élève des marronniers en chambre au moyen de
la couveuse artificielle, peintre décorateur du théâtre
des puces travailleuses.

26. Nature morte.
27. Nature vivante.
28. Nature mixte.

DANIEL — né pas satisfait du jury d'admission, ne se
laisse tutoyer que par les gens qu'il ne connait pas —
collectionne avec ardeur les pierres d'achoppement.
Signe particulier n'est pas de la Société d'archéologie.

29. Reliques.
30. A Rome (Effet de lune en plein midi).

ELLEBÉ — né à Uri — professeur à l'Institut Incohérent,
55, rue du Cherche-Midi à Paris, fait des cours et la
cour aux demoiselles, fait partie du jury.

31. La première boucherie chevaline.

N.-B. — Tableau tiré de l'Histoire (prise de Troie).

32. Une vieille soupière.

GODFREY DE RUIVEHO — peintre à Nancy et à l'huile — élève le coude et des asticots pour aller à la pêche — cultive l'art romain, l'art grec, l'art Igolade et soutient que l'art est public ce qui n'est pas notre avis puisque nous faisons payer pour voir nos œuvres.

33. Un monsieur qui dévore l'espace.
34. La vie en rose.

M#ⁱᵉ HELLA — parente de Jeanne d'Arc célèbre par sa maquette baladeuse et de René idem auteur des *Grands musiciens* née la Nuits (Côte-d'Or) élève des cotonniers en serre pour son usage personnel.

35. Portrait de M. X... sénateur en haut du Mont-Blanc.

HERMÈS-ANTHELME — né camard, élève des futurs chiens enragés pour l'Institut Pasteur — ancien peintre décorateur du Bal de la Pelouse de Bouxières.

36. Portrait d'une Etoile (Ressemblance garantie).
37. Instruments à vent.
38. Instruments après.
39. Portrait en pied par lui même (Sculpture).

O. DE JANOS — né Hongrois et purgatif, n'a pas de genre spécial a pris des leçons d'un célèbre badigeonneur anglais qui a fait sa fortune en élevant des cochons d'Inde dans son armoire à glace, est rentier l'été et travaille peu l'hiver demeure à Chaillot.

40. Service de Baccarat.
41. Vue de Liège.
42. Prise de Pékin.

LE QUART — né de Bâle. Elève de lui-même, est content de son professeur, demeure pas loin du centre de Nancy, n'a pas de spécialité, aborde tous les genres avec succès, fait même les sujets politiques (voir son tableau) ce qui est extrêmement difficile, à cause de la quantité de nuances, connues jusqu'à ce jour.

43. Une question sociale.

MACHIN — né à Marseille a conservé l'amour du chaud soleil et des tons vifs ; elève de Zola et de Benjamin Constant. Inventeur d'une pommade pour faire pousser les cors aux pieds, consultations tous les jours de 4 à 5 heures du matin en son domicile, Impasse Bénit, 82.

44. Le passage de la mère rouge.

MEH-SAUNIER ✳ ✳ ✳ ✳ ✳ ✳ ✳ ✳ ✳ ✳
✳ ✳ ✳ ✳ ✳ ✳ ✳ ✳ ✳ ✳ ✳ ✳
✳ ✳ ✳ ✳ ✳ ✳ ✳ ✳ ✳ ✳ ✳ ✳
✳ ✳ ✳ ✳ ✳ ✳ ✳ ✳ ✳ ✳ ✳

45. Arrivée de Napoléon Ier à Sainte-Hélène.

N.-B. — Une loupe marine est attachée à ce tableau.

46. Le sable de mon père.

MÉLANY — né à la Petite Villette, poète et fumiste, auteur des Poëmes macabres parus dans l'*Echo des ci-*

metières, journal parisien, illustré, idéaliste, humoristique, décadent et même littéraire. Elève des poids de 500 kilogs à la hauteur d'un premier étage au moyen d'une grue à vapeur.

47. O Béata solitudo! O Sola Beatitudo!
48. La seule danse du ventre.
49. Un bruit qui n'est pas sans fondement.

MOREAU — fils de la mère Idem, négociante en prunes à l'eau-de-vie — peintre d'avenir, pris de Rhum à 16 ans. Elève de café.

50. Projet de plafond pour un hôtel de ville XVIII⁰ Siècle.
51. Le même, deux ans après.
52. Vingt ans après.
53. Dix ans plus tard.

NED — évidemment pas le premier venu, déteste les orgues de Barbarie et les omnibus — dessinateur, prépare des choses épatantes élève de Georges Ohnet et de Xavier de Montépin.

54. Protestation.

N.-B. — Protestation?... de quoi Protestation? Théâtre parbleu!... vois rien, théâtre... chapeaux indécents.... Grandes plumes, nœuds, et le reste... Ridicule... paye pas 4 francs pour pas voir... et vois que chapeaux... gentils chapeaux... dans la rue, pas au théâtre... Bien mieux mettre rien, jolis cheveux... petites boucles, jolie nuque et le reste... mets pas de chapeau, moi!... Quoi ça sert? pleut pas, pourquoi pas ouvrir parapluie? jolies actrices, vois pas, assommant. N'est-ce pas?... pas votre avis? Tant pis.

Pas de chapeaux... vaut mieux... théâtre pas magasin de modes. Sacristi et veux voir.

E. NER — encore un qui n'est pas fier d'avoir un homonyme à Paris, né à Amance, élève de Rubens, et de
Th. de Banville a concouru l'année dernière comme
dessinateur à la fabrication du macaroni à double cou-
rant d'air demeure Haut, 172 marches à monter.

55. L'exilé de Londres.

P. PAOLO — né dans le pays où fleurit le macaroni, est ami
du trône, des cabines et des anses, cultive les arts
horizontaux, fait bien surtout la peinture imitative et
sensationnelle, élève de E. Ner du reste ce sont deux
macaronisant (nouvelle école ! encore un salon pour
l'avenir !!)

56. Vision macabre.

N.-B. — Oui ou non ! mystère ! ! Cruelle anxiété ! !

PRET-(J.) — artiste paresseux, trop beau pour travailler,
peint la miniature et sur rateliers, spécialité d'éventails
en tous genres.

57. L'amour joufflu.
58. Gavotte.
59. Le baiser.

AL-OYAU — ne pas confondre avec son homonyme
mangé la semaine dernière, né à Culpâ (Manche) demeure à Paris, rue du Moulin-de-Beurre spécialité de
petits peints au idem.

60. Qui ? Lui ! Oui.
61. Le Pont des soupirs.

LU-THUYÉ — né à Hanoï — fabricant de pains galva-
nisés pour huissiers récalcitrants. Reçoit tous les jours

entre 11 heures et minuit à son domicile, rue de
Toul, 248.

62. Printemps.

A. RABY — né à Quilin 6 mois après sa naissance du
Père Houx et de la Mère Hick, demeure à Saizerais.

63. Saizerais (Effet de nuit).
64. Ousqu'est ma Sophie.

SAINT-BOHL — né à Chiasso près du Pô — demeure
faubourg Saint-Pierre, 312, que tu viens ma vieille...
fait le vieux et le neuf, adaptations historiques.

65. Portrait de Sarah Bernhardt dans le rôle de
Jeanne Dahl.

SAMET — égal au fond qu'il soit de Carpentras ou de
Flavigny, décorateur de cochons en pain d'épices

66. Curieux effets d'un cor au pied sur un homme
respectable.

R. M. A de SCHACKEN — suivant ses œuvres, travail-
leur infatigable, a su rompre toutes les difficultés du
maniement du pinceau, réussit surtout la peinture sur
façades et la miniature sur verres de lampes. Signe
particulier, déteste les Rivières a eu du mal de passer
en bachot sur les flots d'encre de la mer Picon.

67. Projet de Société des sculpteurs réunis.

N.-B. — Location de grands hommes, et de célébrités locales
au mois et à l'année. Quand le grand homme aura cessé de plaire,
il suffira de payer la tête, et la société reprendra la statue.

Pour les communes dont le grand homme est encore à naître on
peut fournir une statue, député, général ou poète, au choix, avec
la tête en blanc.

STYX. J. — né pas ! naître où ne pas naître, tates-y le
caisson ; donc pas né, élève de tous et de quelques
autres, pas de spécialité, aborde tous les genres avec
assurance.

   68. Peinture sur vert.
   69. Aux fortes.
   70. Pain-turc à l'huile.
   71. Aqua-réelle.
   72. Pauvre Fleur.
   73. Passage de la Bérésina.
   74. All. Right.

VAN COUVÉ — né boulanger c'est pourquoi il ne l'aime
pas, demeure à Nancy. Homme sérieux et caduc
d'ailleurs.

   75. Si on l'avait ! où la mettrait-on ? (Dédié au con-
seil municipal.)

X. — né ? demeure ? élève de ? tout cela nous le savons
mais il nous a défendu de le dire, enfin l'essentiel, c'est
qu'il a fait :
   76. L'arrestation de M. Schnæbelé.

ZIG — comme prénom G. ce qui lui permet de s'appeler
à son gré Guy, Gontran ou Gaston. Elève d'un membre de l'Institut, peint généralement de 9 à 11 heures
en son atelier rue Barbe, 4, visible pour les Dames
seulement à horreur des hommes depuis les Décadents.

   77. Fin de siècle.

ZINDOBRÉ. — né à Croustdam, sur les bords du vert
Nil, peintre socialiste, humanitaire, a fait de brillantes

études pour devenir épicier, s'est contenté d'être tout modestement peintre et je suis de son avis, demeure chez un de ses oncles qui est fabricant d'huile de coude, en chambre.

78. Au baquet de la vie, infortuné convive.

DERNIÈRE HEURE

La biographie des Exposants ci-dessus, n'ayant pu, vu l'importance du tirage, être vérifiée dans Vapereau, nous préférons ne pas la faire figurer ici.

BENOIT-GODET

79. L'absinthe.

HESTAUX

80. Roméo et Juliette.

H. ROGER

81. Cassé.
82. Les voix de Marie.

Six STHÈME

83. Mes Triques. (Sculptures).

CASSANDRE

84. Un cauchemar à Friedrichsruhe.

N.-B. — La tête du personnage représenté est faite pour compléter la ressemblance avec un marron sculpté.

G. MOULAER

85. Crâne d'Incohérent.

VAN SNEEF

86. Une portée de lapins. (Nature morte.)

N.-B. — Il y a encore des tableaux arrivés au dernier moment, pour lesquels nous publierons un petit supplément.

———

LE JURY

Se réunissant seulement le 10 Mai à 2 heures, il nous est impossible de désigner le tableau qui obtiendra le grand prix d'honneur et qui sera exposé dans une salle spéciale, dite Salle du clou de l'Exposition.

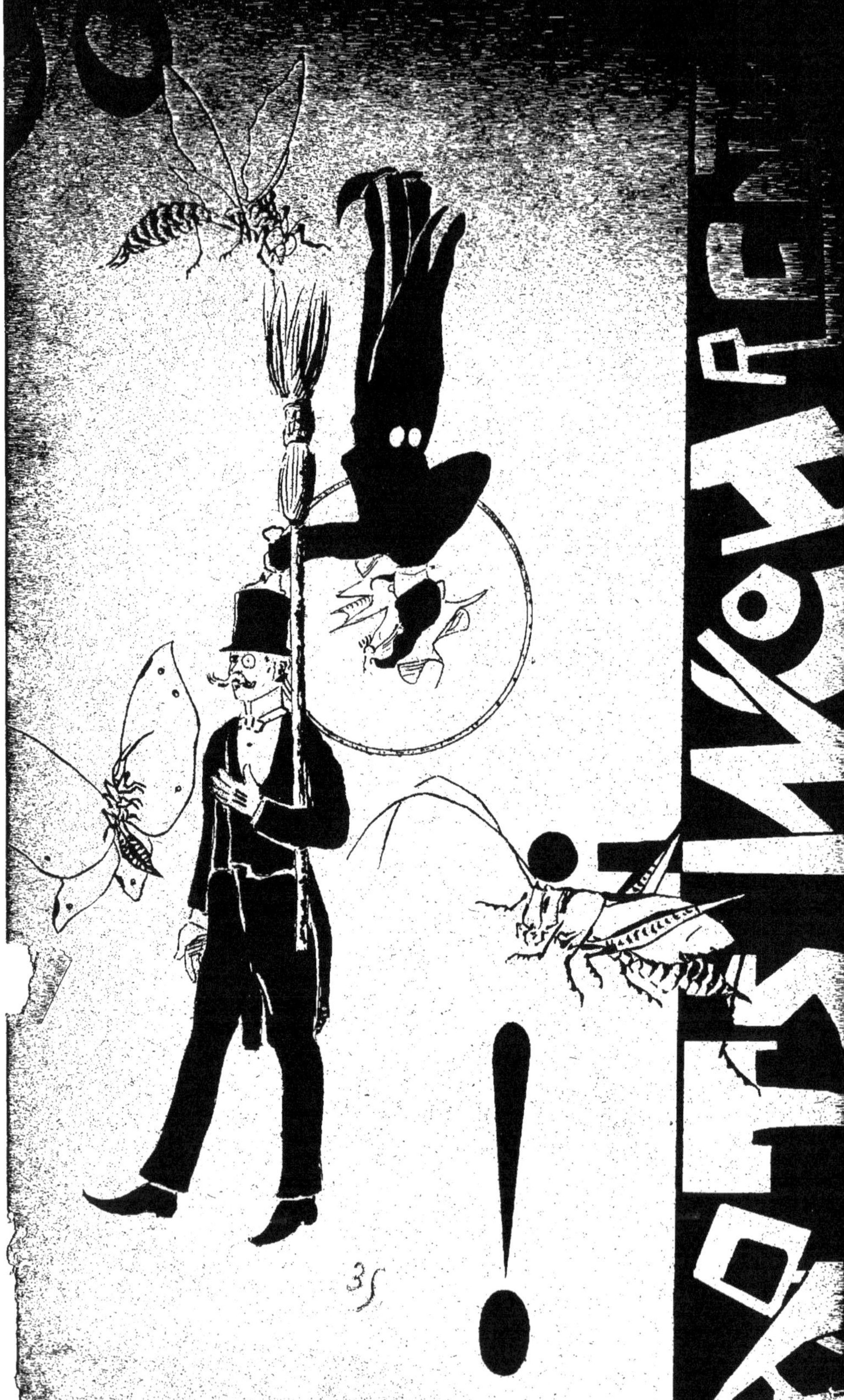